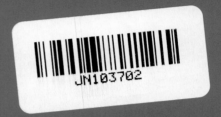

かしこく学ぼう！

はじめてのお金教室

監修：玉置 崇（岐阜聖徳学園大学教授） みずほ証券株式会社（コーポレート・コミュニケーション部 投資教育推進室）
マンガ：いぢちひろゆき

お金について、
みんなで話そう！

1 お金を知ろう

はじめに

みんなは、お金について考えたことあるかな？
今、着《き》ている服も、使《つか》っているつくえも、ノートもえんぴつも、ぜんぶお金を出して買ったもの。
子どもも、おとなも、お金がなければ生活していけないんです。
でも、そんな大事《だいじ》なものなのに、お金のことはみんな意外《いがい》と知らないはず。
この本では、みんなが今まで知らなかったお金のひみつを、知ることができます。読んでから、自分のお金についての考え方を、話してみてください。今の社会を考えるときにも、自分の未来《みらい》を思いえがくときにも、お金について話し合ったことが、ヒントになるでしょう。

岐阜《ぎふ》聖徳《しょうとく》学園《がくえん》大学《だいがく》教授《きょうじゅ》　玉置《たまおき》 崇《たかし》

これから
「お金」の話を
はじめるよ。

円出《エンデル》先生

もくじ

この本の使《つか》い方《かた》

マンガのページ
1時間の授業《じゅぎょう》を、
4ページのマンガで
学びます。

話し合ってみよう
マンガを読んで、クラスの
友だちと話し合ってみよう！

学ぼう！のページ
マンガのあとに、テーマについて
わかりやすく解説《かいせつ》しています。

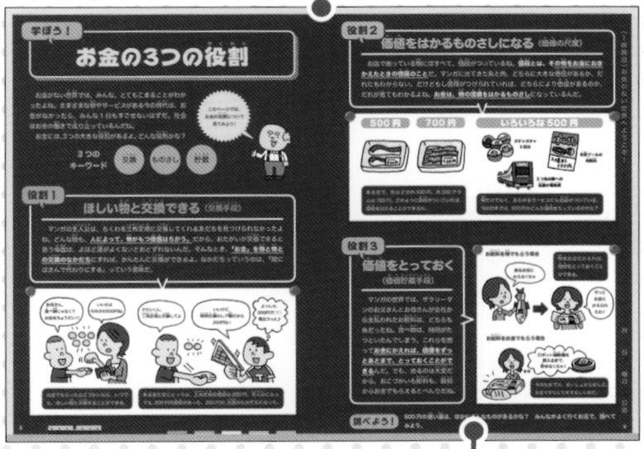

調《しら》べよう！
家の人に聞いたり、
本やインターネットで、
調《しら》べてみよう！

授業《じゅぎょう》で考えよう　お金の話

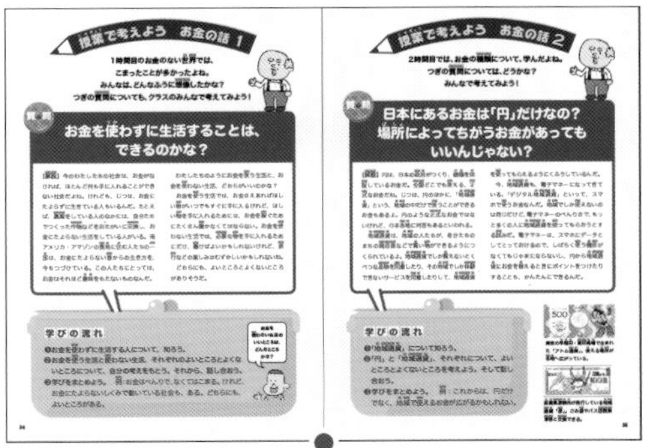

授業《じゅぎょう》で考えよう お金の話のページ
理解《りかい》をさらに深《ふか》めるための授業案《じゅぎょうあん》です。
道徳《どうとく》の時間に、話し合ってみましょう。

1時間目 お金のない世界《せかい》へようこそ！

お給料《きゅうりょう》や
おこづかいは、
どうなるのかな？

ここはお金のない世界《せかい》…
ただいまー給料《きゅうりょう》もらってきたぞー
パパおかえり！
今月《こんげつ》の給料《きゅうりょう》は…
何？
生魚《なまざかな》一っ
ドサッ
わっ!!
ビチャ
ボク　お肉がよかったな…
まあしょうがないよ…
ピンポーン
ママ帰ってきた!!
ママ、お給料《きゅうりょう》何だったー!?
ちょっとまってね…
ゴソゴソ

生魚《なまざかな》～!!
ハイッ
かぶってる…..
明日《あした》、市場《いちば》にいって
べつのものと交換《こうかん》しなきゃ
そうだね…
翌日《よくじつ》―。
いらっしゃい
いらっしゃーい!!
くだもの
あります
ジュース
やさい
お魚
ありますよ
～!!
生魚
ハアハア
もう
帰ろうよ…
ダメダメ
今日《きょう》のうちに
交換《こうかん》しないと
くさっちゃう!!
めんどくさ……
ぶた肉200gと
お魚、交換《こうかん》して
ちょうだい
ハイ 切《き》り身《み》
2切れ！
ありがとう
ございます!
とうとう
お肉
ゲット!
カーカー
いやー
1日かかってやっと
必要《ひつよう》なものと
交換《こうかん》できたわ…
何にでも
交換《こうかん》できる券《けん》で、
お給料《きゅうりょう》もらえたら
いいのに!!
アーハッハ
そんなの
あれば
苦労《くろう》しないよ
!!
……

ママー、明日《あした》学校に三角定規《さんかくじょうぎ》を持《も》っていかなきゃ！
えっ!?
前の日に言われてもこまるわ…
おこづかいあげるから明日《あした》の朝早く学校へ行って、だれかと交換《こうかん》しなさい！
ハイ おこづかい！！
ちくわ……
行ってきまーす!!
だれかいないかな…
キョロキョロ
ちくわあるよー
三角定規《さんかくじょうぎ》と交換《こうかん》してー
ちくわ?
これでよかったら交換《こうかん》してあげる
何!?
あつあげー！
ぷるぷる
ハーイみなさん！三角定規《さんかくじょうぎ》を出してー
これを使《つか》って線をひいてみましょう。
うーん……
あつあげではやっぱり線がひきにくい…
プルプル
グニョグニョ
うわーもうこんな生活ヤダ〜〜！！
だよね?

ここは
お金のある世界。

お金のない世界が
どんなに不便か、
わかったかな？

ハーイ！

じゃあ お金があると
どんなことが
べんりなのかな？

いつでも何でも
ほしい物と
交換できる！

物と物の値段を
くらべられる！

値段を見れば
どれくらい価値があるか
わかる！

300円　1000円

何年でも
とっておける！

あとひとつ
べんりな
ことが
あるぞ。

10円玉があると
銀はがしに
使える！

ゴシゴシ

ズコー

0×0
0×し

「お金を使わない生活」については34ページも見てね！

話し合ってみよう　お金のない世界って、どんな世界？
みんなで話し合おう！

7

学ぼう！

お金の3つの役割《やくわり》

お金がない世界《せかい》では、みんな、とてもこまることがわかったよね。さまざまな物《もの》やサービスがある今の時代《じだい》は、お金がなかったら、みんな１日もすごせないはずだ。社会はお金の働《はたら》きで成《な》り立《た》っているんだね。

お金には、3つの大きな役割《やくわり》があるよ。どんな役割《やくわり》かな？

このページでは、
お金の役割《やくわり》について
見てみよう！

3つのキーワード

交換《こうかん》　ものさし　貯蔵《ちょぞう》

役割1

ほしい物《もの》と交換《こうかん》できる（交換手段《こうかんしゅだん》）

マンガの主人公《しゅじんこう》は、ちくわを三角定規《さんかくじょうぎ》に交換《こうかん》してくれる友だちを見つけられなかったよね。どんな物《もの》も、**人によって、物《もの》がもつ価値《かち》はちがう。**だから、おたがいが交換《こうかん》できると思う場面《ばめん》は、よほど運《うん》がよくないとおとずれないんだ。そんなとき、**「お金」を物《もの》と物《もの》との交換《こうかん》のなかだち**にすれば、かんたんに交換《こうかん》ができるよ。なかだちっていうのは、「間にはさんで代《か》わりにする」っていう意味《いみ》だ。

お母さん、
食《た》べ物《もの》じゃなくて
お金をちょうだい!!
いいわよ
今月分の500円ね
タカシくん、
三角定規《さんかくじょうぎ》と交換《こうかん》してよ
いいけど、
特別仕様《とくべつしよう》のレア物《もの》だから
200円な！
よっしゃ、
200円で○○
買おうっと♪

お金でもらったおこづかいなら、いつでも、ほしい物《もの》と交換《こうかん》することができる。

ある友だちにとっては、三角定規《さんかくじょうぎ》の価値《かち》は200円。主人公《しゅじんこう》にとっても、200円の価値《かち》があった。200円が、交換《こうかん》のなかだちになった。

役割2

価値《かち》をはかるものさしになる（価値《かち》の尺度《しゃくど》）

お店で売っている物《もの》にはすべて、値段《ねだん》がついているね。**値段《ねだん》とは、その物《もの》をお金におきかえたときの価値《かち》のこと**だ。マンガに出てきた魚と肉、どちらに大きな価値《かち》があるか、だれにもわからない。だけどもし値段《ねだん》がつけられていれば、どちらにより価値《かち》があるのか、だれが見てもわかるよね。**お金は、物《もの》の価値《かち》をはかるものさし**になっているんだ。

500円

500円

700円

700円

ある店で、魚は2切れ500円。肉200グラムは700円。このように値段《ねだん》がついていれば、価値《かち》をはかることができるね。

いろいろな500円

ガチャガチャ
5回分

プール
入場料
500円

市民《しみん》プールの
利用料《りようりょう》

3つ先の駅への
往復《おうふく》の電車賃《でんしゃちん》

物《もの》だけでなく、あらゆるサービスにも値段《ねだん》がついている。今の日本では、500円にはどんな価値《かち》があるのかな？

役割3

価値《かち》をとっておく

（価値貯蔵手段《かちちょぞうしゅだん》）

マンガの世界《せかい》では、サラリーマンのお父さんとお母さんが会社から支払《しはら》われたお給料《きゅうりょう》は、どちらも魚だったね。食《た》べ物《もの》は、時間がたつといたんでしまう。これらを売って**お金にかえれば、価値《かち》をずっとあとまで、とっておくことができる**んだ。でも、売るのは大変《たいへん》だから、おこづかいも給料《きゅうりょう》も、最初《さいしょ》からお金でもらえるとべんりだね。

お給料《きゅうりょう》を物《もの》でもらう場合

物《もの》をお金にかえれば、価値《かち》をとっておくことができる。

魚をお金に
かえなくちゃ
やっと
お金に
かえられ
たわ！

お給料《きゅうりょう》をお金でもらう場合

ロボット掃除機《そうじき》を
買えるまで、
貯《た》めなくちゃ！

今の社会では、最初《さいしょ》からぜんぶ、お金でやりとりをするしくみだ。

調《しら》べよう！ 500円の使《つか》い道《みち》は、ほかにどんなものがあるかな？
みんながよく行くお店で、調《しら》べてみよう。

月　日　曜日　日直

2時間目

お金にはどんな種類《しゅるい》がある？

お金を、よーく見てみよう！

※金属《きんぞく》のお金を「硬貨《こうか》」という。
硬貨《こうか》ってぜんぶで6種類《しゅるい》か…
それぞれもようがちがうね。大きさも少しちがう。
さわるだけで金額《きんがく》がわかるようになっているから、目の不自由《ふじゆう》な人にも使《つか》いやすいんだね。
これは……10円？
正解《せいかい》!!
でもどうしてこんなに種類《しゅるい》があるの？
2つか3つならわかりやすいのに
じゃあ100円玉か10円玉しかなかったら…
どうなると思う？
あっそうか…1円玉がないと
98円とか99円とかこまかい値段《ねだん》がつけられないね。
50円玉がないと90円の物《もの》を買うとき10円玉が9個《こ》も必要《ひつよう》だし…
5円や10円の必要性《ひつようせい》が見えました！！
……

今使《つか》われている紙のお金は4種類《しゅるい》だね！
※紙のお金を「紙幣《しへい》」という。「お札《さつ》」ということもある。
紙のお金のいいところとよくないところは何だと思う？
紙のお金のいいところは軽《かる》くてかさばらないところ！
よくないところは火事《かじ》になったらもえちゃうところ？
ところで、どうしていちばん大きなお金は1万円なんだろう？
10万円札《さつ》とかあってもいいのに……
100億円札《おくえんさつ》とか!!
百億円
それは大きすぎ！
10万円札《さつ》があったとして、それをわたされておつかいをたのまれたらどう思う？
たしかにそれだとすごくドキドキしそう…
キョロ キョロ
ドキドキ
落《お》としたら大変《たいへん》だしあんまり使《つか》わなそう…
つまりお金は、みんなが毎日の生活に使《つか》う範囲《はんい》の金額《きんがく》で1円から1万円まで用意《ようい》されているんだね！
なるほど！

じゃあ、
紙のお金と硬貨《こうか》のちがいを
考えてみよう！
うーん
紙のお金は
金額《きんがく》が大きい
お金で、
硬貨《こうか》は
小さいお金っ
てこと？
硬貨《こうか》ははじいて
サッカーができるし
ピンッ
紙のお金は折《お》り目《め》をつけると
おもしろい顔になります！
ホラ！
アハハ
お金で遊《あそ》んじゃ
ダメ!!
紙のお金がなくて
硬貨《こうか》しか
なかったら
どうなると思う？
高い買《か》い物《もの》を
するときに
硬貨《こうか》しかなかったら
大変《たいへん》だね！
そうだね
…
たとえば
パパが車を
買うとしたら…
コレ買う!!
200万
円……
1.5XL
200万円

200万円は
500円玉4000枚《まい》だから
…28kg《キログラム》！
ぬおーっ
重《おも》いっ!!
ズルズル
運《はこ》ぶのが大変《たいへん》だし
数えるのに
何時間も
かかりそう…
だよね？
じゃあ、
ぎゃくに…
硬貨《こうか》がなくて
紙のお金しか
なかったら
どうかな？
ジュース１本
ほしいいん
だけど…
お札《さつ》しか
ないので
おつりは
出ませんよ！
これも
こまるなぁ
たしかに
……
しょうがないから
何本も買って、いっぺんに
飲《の》む！
ゴクゴク
おなか
こわすよ!!
ダメか…
…ということで、お金は
紙と硬貨《こうか》の組み合わせで
うまくいくんだよ。
ちょうどボクらみたいな
ナイスコンビだね！
ボクがお札《さつ》でこいつが小銭《こぜに》…
だれが
小銭《こぜに》
だよ！

「円以外《いがい》のお金」については
35ページも見てね！

話し合ってみよう　硬貨《こうか》しかなかったら、どうなる？　紙幣《しへい》しかなかったら、どうなる？　みんなで、話し合おう！

学ぼう！

硬貨《こうか》と紙幣《しへい》の使《つか》い方《かた》

みんなが使《つか》っているお金は、硬貨《こうか》（金属《きんぞく》のお金）と紙幣《しへい》（紙のお金）だね。これらは、日本中にとてもたくさんの数が出回っているよ。どうして、硬貨《こうか》と紙幣《しへい》があるのかな？

このページでは、硬貨《こうか》と紙幣《しへい》の使《つか》い方《かた》を見てみよう！

3つのキーワード

- おつり
- 単位《たんい》
- 組み合わせ

ポイント1

硬貨《こうか》は小さな買《か》い物《もの》のときに使《つか》う

ジュース1本など、**小さな金額《きんがく》の物《もの》を買いたいときには、硬貨《こうか》を使《つか》うのがべんり。**できるだけぴったりのお金を出すと、おつりを出さなくていいので、お店の人は助《たす》かるよ。

ジュースください
まいどありがとうございます！
硬貨《こうか》で払《はら》ってくれて助《たす》かるわ。お札《さつ》で払《はら》うお客《きゃく》さんへのおつりも、できたし。
おかしください
じゃが
10000

ポイント2

紙幣《しへい》は大きな買《か》い物《もの》のときに使《つか》う

車や自転車、パソコン、家電など、大きな金額《きんがく》の物《もの》を買うときに、**すべて硬貨《こうか》で払《はら》うと、重《おも》くて大変《たいへん》だけど、紙幣《しへい》ならそうはならない**よね。大きな金額《きんがく》でも、かさばらないよ。

1万円を100円硬貨《こうか》で払《はら》うと…
1万円を1万円札《さつ》で払《はら》うと…
100円玉100枚《まい》です
グラグラ
1万円札《さつ》です

ポイント 3

硬貨《こうか》と紙幣《しへい》を組み合わせると、どんな金額《きんがく》でもあらわすことができる

物《もの》の値段《ねだん》には、小さな単位《たんい》は 1 円から、大きくなると百万円、1 千万円、1 億《おく》円と、さまざまなものがある。お金は**どんな金額《きんがく》でもあらわすことができる**ように、1 単位《たんい》がじゅうぶんに小さいこと、また、**さまざまな種類《しゅるい》で単位《たんい》をあらわせる**ことが大切なんだ。細かいおつりが出せることも、だいじだよね。

パソコンの値段《ねだん》

13万8976円

14万円を出したとすると、
おつりは1024円ね。
おつりにも、いくつもの
種類《しゅるい》のお金が必要《ひつよう》ね。

×13枚《まい》

×1枚《まい》

×3枚《まい》

×1個《こ》　×4個《こ》　×1個《こ》

×2個《こ》　×1個《こ》　×1個《こ》

13 万 8976 円にするは、たくさんの種類《しゅるい》の紙幣《しへい》と硬《こう》貨《か》が必要《ひつよう》だ。このようにうまく組み合わせないと、数がもっと必要《ひつよう》になる。

知ってるかな？

プラスチックのお金を使《つか》う国がふえている

イギリスやオーストラリアなどの国では、ポリマー紙幣《しへい》といって、材料《ざいりょう》にプラスチックを使《つか》った紙幣《しへい》が使《つか》われているよ。この紙幣《しへい》は、紙の紙幣《しへい》とちがって、ぬれにくく、やぶれにくいんだ。つくるのにちょっとお金がかかるけれど、使《つか》いやすいし、長持《ながも》ちするんだって。今では 20 以上《いじょう》の国で使《つか》われているよ。

←紙の 20 ポンド紙幣《しへい》

プラスチックの 20 ポンド紙幣《しへい》➡

調《しら》べよう！ 硬貨《こうか》は、何でできているのかな？　硬貨《こうか》の材料《ざいりょう》を、調《しら》べてみよう。（答えはつぎのページ）

月　日　曜日　日直

3 時間目

物《もの》の値段《ねだん》は時代《じだい》で変化《へんか》する!?

昔《むかし》の子どものおこづかいは、いくらくらいだったのかな？

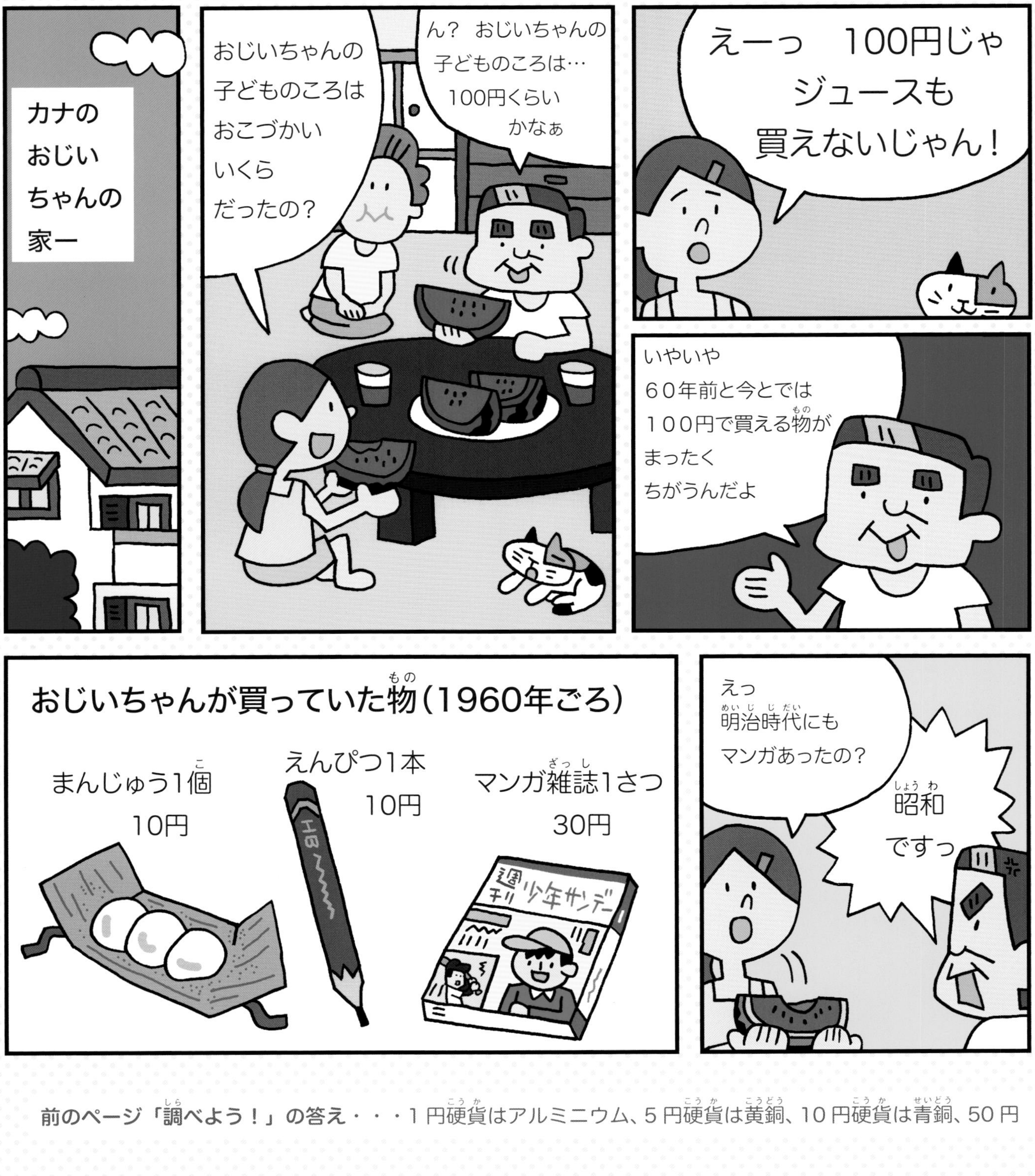
カナのおじいちゃんの家ー
おじいちゃんの子どものころはおこづかいいくらだったの？
ん？ おじいちゃんの子どものころは… 100円くらいかなぁ
えーっ 100円じゃジュースも買えないじゃん！
いやいや ６０年前と今とでは １００円で買える物《もの》が まったく ちがうんだよ
おじいちゃんが買っていた物《もの》（1960年ごろ）
まんじゅう1個《こ》 10円
えんぴつ1本 10円
HB
マンガ雑誌《ざっし》1さつ 30円
週刊少年サンデー
えっ 明治時代《めいじじだい》にもマンガあったの？
昭和《しょうわ》ですっ

前のページ「調《しら》べよう！」の答え・・・１円硬貨《こうか》はアルミニウム、５円硬貨《こうか》は黄銅《こうどう》、１０円硬貨《こうか》は青銅《せいどう》、５０円

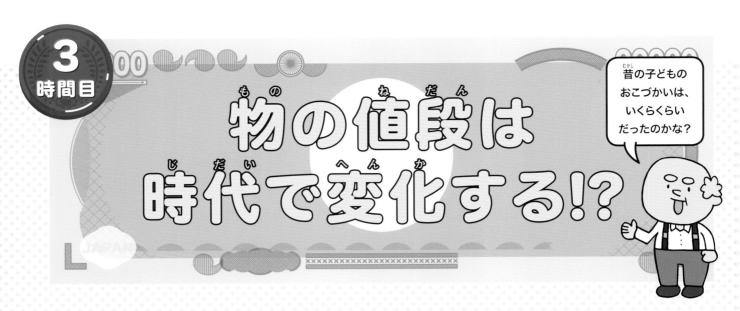

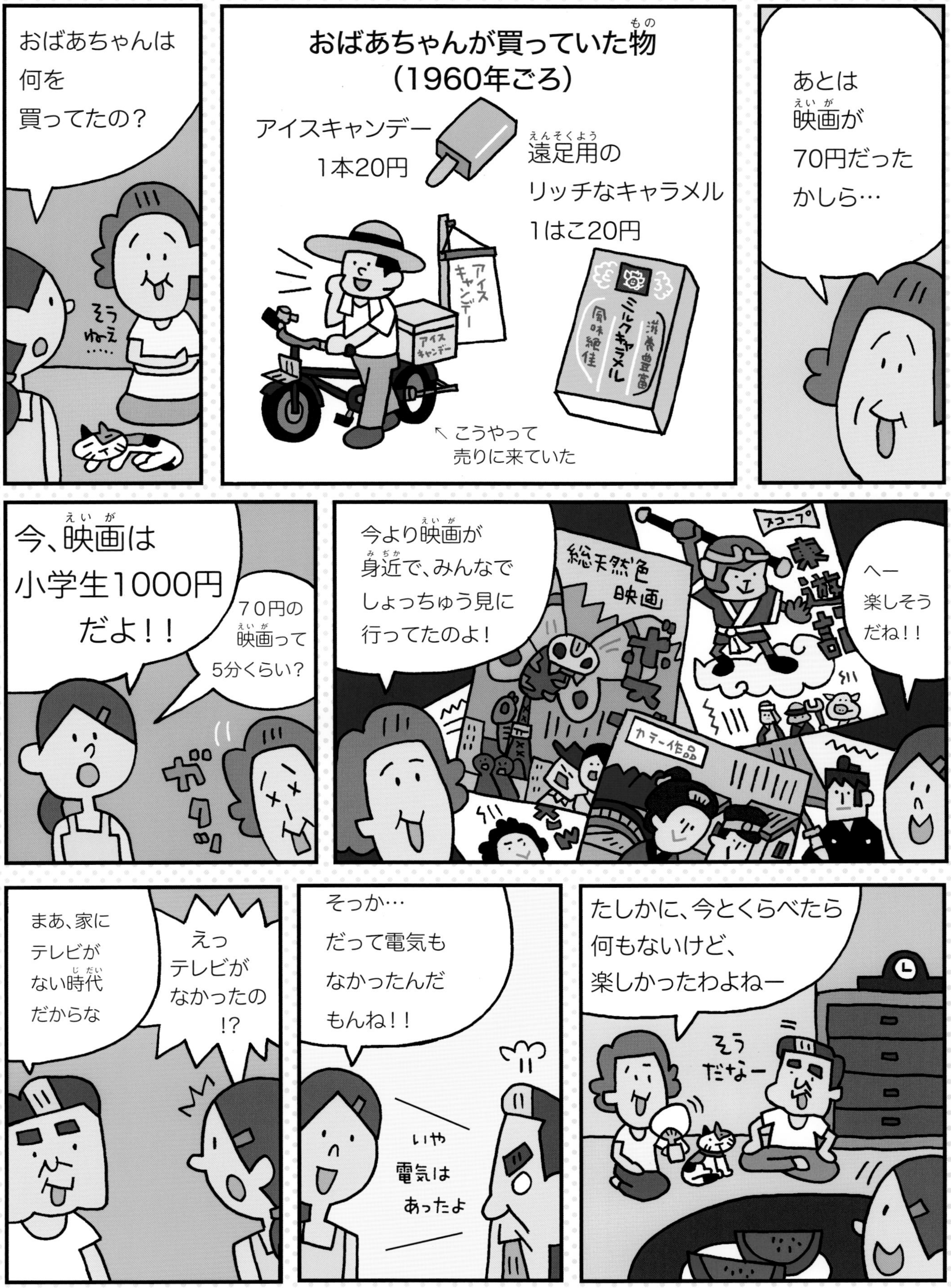
おばあちゃんは 何を 買ってたの？
そうねえ……
おばあちゃんが買っていた物《もの》
（1960年ごろ）
アイスキャンデー 1本20円
遠足用《えんそくよう》の リッチなキャラメル 1はこ20円
アイスキャンデー
アイスキャンデー
ミルクキャラメル
滋養豊富
風味絶佳
↖こうやって 売りに来ていた
あとは 映画《えいが》が 70円だった かしら…
今、映画《えいが》は 小学生1000円 だよ！！
70円の 映画《えいが》って 5分くらい？
ガタッ
今より映画《えいが》が 身近《みぢか》で、みんなで しょっちゅう見に 行ってたのよ！
総天然色映画
スコープ
カラー作品
へー 楽しそう だね！！
まあ、家に テレビが ない時代《じだい》 だからな
えっ テレビが なかったの !?
そっか… だって電気も なかったんだ もんね！！
いや 電気は あったよ
たしかに、今とくらべたら 何もないけど、 楽しかったわよねー
そう だなー

硬貨《こうか》と 100 円硬貨《こうか》は白銅《はくどう》（銅《どう》とニッケル）、500 円硬貨《こうか》はニッケル黄銅《こうどう》でできている。

カナの小学校ー
見て！おじいちゃんにもらったんだけど…
すごくない？百円札《さつ》！
ホントだヒゲがすげえ！！
おどろくのはそこじゃない！！
先生の小さいころは500円も硬貨《こうか》じゃなくお札《さつ》だったんだよ
えっほんとに！？
これが五百円札《さつ》！
はじめて見た!!
これって今でも使《つか》えるんですか？
使《つか》えるよ！
同じ500円でも、お札《さつ》と硬貨《こうか》だとお札《さつ》のほうが価値《かち》がある気がする…
そうかもなー
どうして100円も500円もお札《さつ》でなく硬貨《こうか》になったのかわかる？

おじいちゃんが、昔《むかし》は100円で いろんな物《もの》が買えたって 言ってた…
そう！
時代《じだい》によって お金の価値《かち》は 変《か》わって いくんだよ！
たとえば60年前は キャラメルが20円だから 100円で5個《こ》 買えたけど…
今は100円だから 1個《こ》しか買えない…
と いうことは …
100円とか500円で買えるものが、おかしや文房具《ぶんぼうぐ》などになった。それなら、紙幣《しへい》より 硬貨《こうか》のほうが 使《つか》いやすいよね
同じ100円でも、時代《じだい》によって 何倍《なんばい》も価値《かち》がちがうって、 ふしぎだね。
たしかに！
今、ボクの貯金《ちょきん》1000円持《も》って 60年前にタイムスリップしたら、 山ほどキャラメル 食えるじゃん！！
でも60年前って ゲーム機《き》もYouTube《ユーチューブ》も なかったんだって！
それは ムリ〜〜！！
アハハハハ
YouTube ないと たいくつ すぎ！

話し合ってみよう　1000円の買《か》い物《もの》をしたよ。50年後も1000円で同じ物《もの》が買えるかな？

学ぼう！

時間がたつと、お金の価値《かち》が変《か》わる

カナのおじいちゃんの時代《じだい》では、今とは物《もの》の値段《ねだん》がまったくちがっていたね。長い時間がたつと値段《ねだん》が変《か》わるということは、お金の価値《かち》が変《か》わっているということなんだ。

このページでは、物《もの》の値段《ねだん》とお金の価値《かち》の変化《へんか》について、見てみよう！

4つのキーワード

時間　価値《かち》　値段《ねだん》　変化《へんか》

ポイント1

同じ100円、どちらの価値《かち》が高い？ まんじゅうを10個《こ》買えた昔《むかし》と、1個《こ》しか買えない今

おじいちゃんが子どものころは、まんじゅうが1個《こ》10円。100円あれば、10個《こ》買えたんだって。今は、100円で1個《こ》しか買えない。**どちらの時代《じだい》の100円に価値《かち》があるか、**わかるかな？　……つまり、この例《れい》でいえば、昔《むかし》の100円の方が、価値《かち》が高かったんだね。

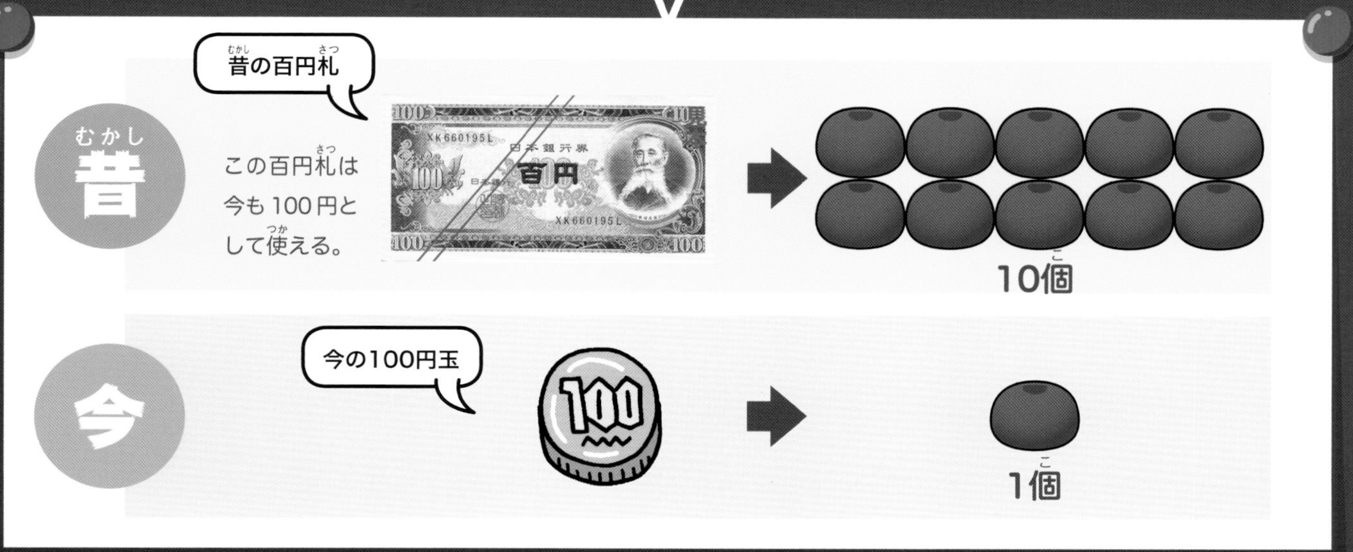

昔《むかし》
昔《むかし》の百円札《さつ》
この百円札《さつ》は今も100円として使《つか》える。
百円
10個《こ》
今
今の100円玉
100
1個《こ》

ポイント2

値段《ねだん》の変化《へんか》で、お金の価値《かち》の変化《へんか》がわかる

おじいちゃんも子どものころ、マンガ雑誌《ざっし》を買っていたんだね。ここでは、『小学一年生』の値段《ねだん》の変化《へんか》を見てみよう。60年前は、130円で1さつ買えたけど、今は1000円払《はら》わないと買えない。つまり、**雑誌《ざっし》の値段《ねだん》で見ると、お金の価値《かち》が下がった**ということだね。

『小学一年生』の値段《ねだん》の変化《へんか》

写真提供：小学館

60年前

小学館の学年別・学習雑誌
小学一年生
新入学おめでとう
4 入学お祝号

130円

20年前

小学一年生
ハムハムニュース
ポケモン
モーニング娘。
なつ休み ビッグシール 8

530円（消費税込《しょうひぜいこ》み）

今

小学一年生
キラキラ チェンジング ポーチ
スポーツ
すずがたメタルにへんしん！
8

1000円（消費税込《しょうひぜいこ》み）

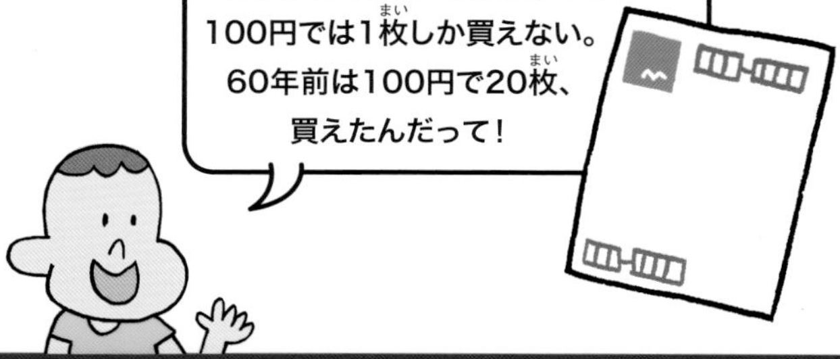
郵便《ゆうびん》はがきは今63円だから、
100円では1枚《まい》しか買えない。
60年前は100円で20枚《まい》、
買えたんだって！

同じ金額《きんがく》でも、買える物《もの》が
変《か》わっていくんだ。
時代《じだい》によって、お金の価値《かち》は
ずいぶん、変《か》わるんだね。

「消費税《しょうひぜい》」については2巻《かん》4時間目を見てね！

知ってるかな？

硬貨《こうか》が使《つか》われなくなった国がある！？

ベトナムという国では「ドン」というお金が使《つか》われているけれど、紙幣《しへい》しか見かけないよ。昔《むかし》は200ドンの硬《こう》貨《か》があったけれど、価値《かち》が低《ひく》すぎて、今では使《つか》われていないんだ。この国では、コーヒー1杯《ぱい》が数万ドンの値段《ねだん》だよ。何を買うにも、大きな数字だね。

写真提供：VIET JO

CỘNG HÒA XÃ HỘI CHỦ NGHĨA VIỆT NAM
NĂM TRĂM NGHÌN ĐỒNG
500000
BH 16834099

コーヒー1杯《ぱい》が2万～5万ドン。
(日本円にすると、約《やく》90円～230円/2020年7月現在《げんざい》)

いちばん大きな単位《たんい》の、50万ドンの紙《し》幣《へい》。ゼロが5つもある。

調《しら》べよう！ 家のおとなの人に、昔《むかし》と今で値段《ねだん》が変《か》わったものについて、聞いてみよう。

月　日　曜日　日直

4 時間目

お金の歴史《れきし》

社会のしくみといっしょに、お金も変化《へんか》したぞ。

大昔《おおむかし》に
タイムワープ！！
ボワワワ〜
あっ ボクの先祖《せんぞ》！！ 買《か》い物《もの》かな？
じゃあ…
ゴソゴソ
これで払《はら》います
貝！
そんなもんで払《はら》うんカーイ！
だれ？
そっくりだけど…
フム…これは質《しつ》のよい宝貝《たからがい》ですな。クスリと交換《こうかん》してもよいでしょう
おっ交換《こうかん》成立《せいりつ》！
この貝はとても貴重《きちょう》なもので、いろんな物《もの》と交換《こうかん》できるんだよ
すごいだろう！
それってお金ですよね
おかね？
？
それはわかりカネます

500年前の城下町《じょうかまち》にタイムワープ!!
ボワワワ〜
ワイワイ
がやがや
すごくにぎわっているぞ!
茶
城下町《じょうかまち》ではこのごろいろんな取《と》り引《ひ》きが広がって、にぎやかだね!
おとのさまがつくったお金のおかげかな
室町時代《むろまちじだい》のご先祖《せんぞ》さまだ!
領地《りょうち》に金山《きんざん》があってね、おとのさまが金貨《きんか》をつくっているから
わたしたちが安心《あんしん》して買《か》い物《もの》したりできるわけさ!
これがその金貨《きんか》!
ピカー
本物《ほんもの》の金《きん》だー!
西のほうの城下町《じょうかまち》では銀貨《ぎんか》をつくっているんだってね
そうだよ
それぞれの城下町《じょうかまち》でとのさまが勝手《かって》にお金をつくってたなんて、おどろきだね!!
ボクがとのさまだったらこんな感じかな
1ケンタ金貨《きんか》
おぬし何やつ!?

さらに
明治時代《めいじじだい》に
タイムワープ！！
ボワワワ〜ン
あっ
ご先祖《せんぞ》
さま！
お金
見せて！
ここは…
明治時代《めいじじだい》の
ころだな…
お金を見たこと
ないなんて
めずらしいな
見せて
あげよう！
ゴソゴソ
これは大阪《おおさか》の
造幣局《ぞうへいきょく》という
工場でつくっている
一圓金貨《いちえんきんか》
ピカーン
最初《さいしょ》出たときは
小判型《こばんがた》じゃない金貨《きんか》に
みんなびっくり
したんだよ
へー
そうなんだ…
これが今
ぼくらが使《つか》ってる
「円」の始《はじ》まり
なのかな？
円型《えんけい》だから
円《えん》なのかな
ところできみ…
ボクとそっくりだけど
親戚《しんせき》？
いやー
それは…
あなたの子孫《しそん》なので
……
エンのある者《もの》です！
エヘヘ
なんの
こっ
ちゃ

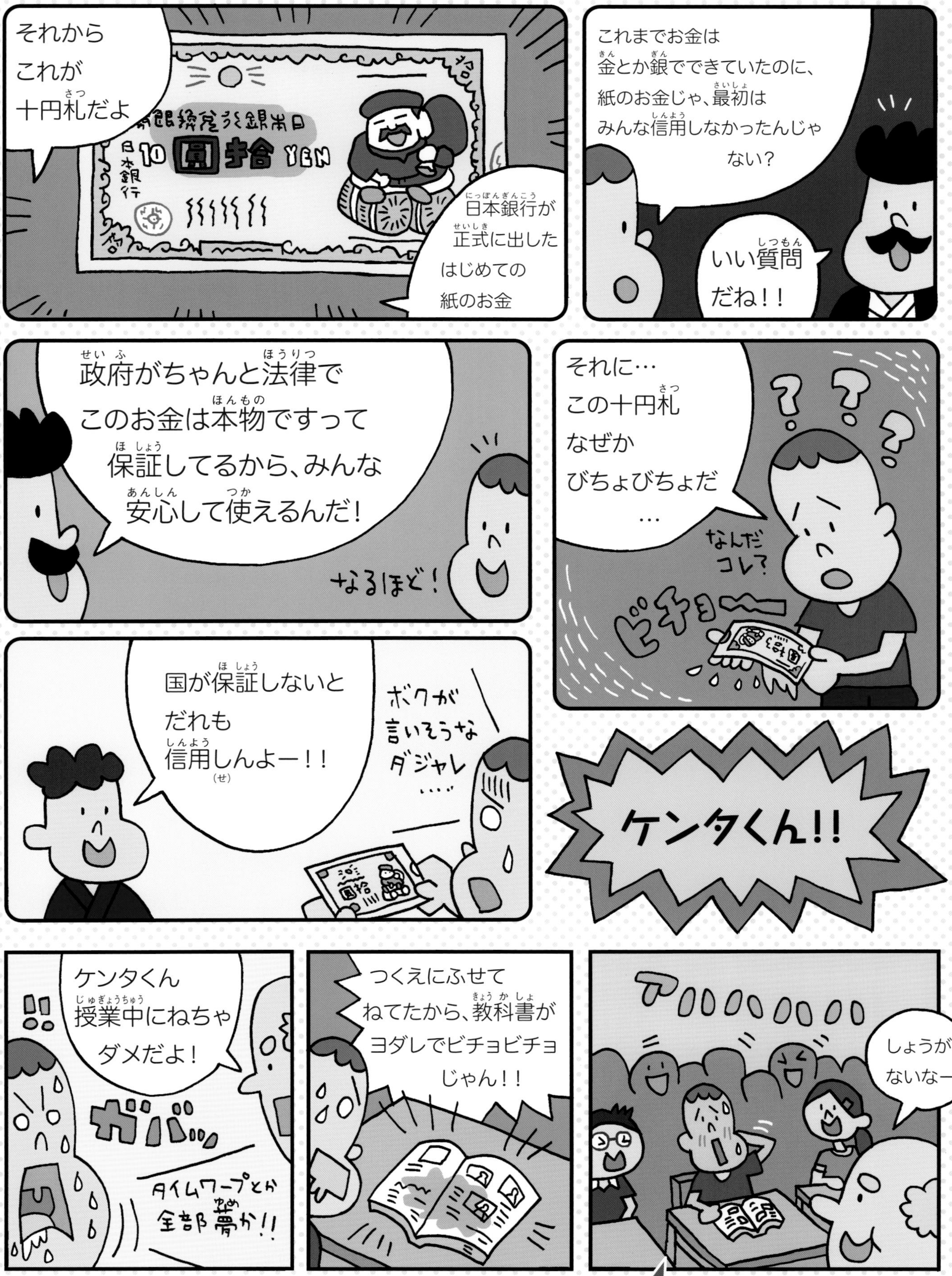
それから これが 十円札《さつ》だよ
日本銀行《にっぽんぎんこう》が 正式《せいしき》に出した はじめての 紙のお金
これまでお金は 金《きん》とか銀《ぎん》でできていたのに、紙のお金じゃ、最初《さいしょ》は みんな信用《しんよう》しなかったんじゃ ない？
いい質問《しつもん》 だね！！
政府《せいふ》がちゃんと法律《ほうりつ》で このお金は本物《ほんもの》ですって 保証《ほしょう》してるから、みんな 安心《あんしん》して使《つか》えるんだ！
なるほど！
それに… この十円札《さつ》 なぜか びちょびちょだ …
なんだ コレ？
ビチョ〜
国が保証《ほしょう》しないと だれも 信用《しんよう》しんよー！！ （せ）
ボクが 言いそうな ダジャレ ....
ケンタくん！！
ケンタくん 授業中《じゅぎょうちゅう》にねちゃ ダメだよ！
ガバッ
タイムワープとか 全部夢《ゆめ》か！！
つくえにふせて ねてたから、教科書《きょうかしょ》が ヨダレでビチョビチョ じゃん！！
アハハハハハハ
しょうが ないなー

話し合ってみよう　みんなに信用《しんよう》されるお金って どんなお金かな？

日本銀行《にっぽんぎんこう》については3巻《かん》3時間目も見てね！

学ぼう！

お金の歴史《れきし》を見てみよう

大昔《おおむかし》から今までをふりかえると、お金の形は、さまざまに変《か》わっているよね。昔《むかし》は、めずらしくて価値《かち》のある物《もの》がお金だったけれど、今のお金は、同じ形に、大量《たいりょう》につくることができるものだ。

5つのキーワード

貝　鉱物《こうぶつ》　紙　大量《たいりょう》　信用《しんよう》

このページでは、お金の歴史《れきし》について見てみよう！

大昔《おおむかし》

めずらしい貝など

何千年も昔《むかし》、人間たちは、物《もの》と物《もの》を交換《こうかん》してくらしていた。**古代《こだい》の中国で交換《こうかん》のなかだちとして使《つか》われていたのが、貝**だ。日本では、**米や布《ぬの》、塩など**がお金として使《つか》われていたらしい。**お金そのものが、価値《かち》のある物品《ぶっぴん》**だったんだ。

お金として使《つか》われた宝貝《たからがい》。

昔《むかし》

銅《どう》、金《きん》、銀《ぎん》などの鉱物《こうぶつ》

1000年前の中国では、**銅《どう》をとかして、小さく、軽《かる》く、丸い形に加工《かこう》したお金**が使《つか》われていた。日本でも、それらを大量《たいりょう》に輸入《ゆにゅう》して使《つか》った時代《じだい》があるよ。500年前の日本では、**地域《ちいき》の支配者《しはいしゃ》が金《きん》や銀《ぎん》などの貴重《きちょう》な鉱物《こうぶつ》を使《つか》って、金貨《きんか》や銀貨《ぎんか》**をつくった。江戸時代《えどじだい》には、徳川家康《とくがわいえやす》が**金《きん》や銀《ぎん》の大判《おおばん》や小判《こばん》、金貨《きんか》、銀貨《ぎんか》、銭貨《せんか》**をつくったよ。

中国でつくられた銅銭《どうせん》。

戦国大名《せんごくだいみょう》・武田信玄《たけだしんげん》がつくった甲州金《こうしゅうきん》。日本ではじめてつくられた金貨《きんか》。

江戸時代《えどじだい》の慶長《けいちょう》小判《こばん》。

ちょっと昔《むかし》

紙のお金の始《はじ》まり

金属《きんぞく》のお金は、重《おも》くてあつかいづらかった。そこで人々《ひとびと》は、お金持《かねも》ちにお金を預《あず》けるようになったんだ。預《あず》けるかわりに**「預《あず》かり証《しょう》」**を受《う》け取《と》った。店で預《あず》かり証《しょう》を出せば、あとでお金を払《はら》ってもらえると信用《しんよう》されたから、買《か》い物《もの》もできたよ。これが**紙のお金の始《はじ》まり**なんだって。

江戸時代《えどじだい》のはじめに使《つか》われていた紙のお金。一部《いちぶ》の地域《ちいき》で、使《つか》われた。

明治時代《めいじじだい》、日本銀行《にっぽんぎんこう》が正式《せいしき》に発行したはじめての紙幣《しへい》、旧十圓券《きゅうじゅうえんけん》。全国《ぜんこく》で使《つか》うことができた。

写真提供：日本銀行貨幣博物館

今

大量《たいりょう》につくる

今、わたしたちの社会では、何をするにも、何を買うにもお金がいるよね。みんながいつも持《も》ち歩けるように、**軽《かる》いお金が大量《たいりょう》に必要《ひつよう》**だ。鋳造《ちゅうぞう》や印刷《いんさつ》の技術《ぎじゅつ》を使《つか》って大量《たいりょう》にお金をつくり、お金をべんりに使《つか》えるようにしたよ。

造幣局《ぞうへいきょく》でつくられる500円玉。硬貨《こうか》は、古くなったらとかして、新しくつくりなおす。古くなった紙幣《しへい》も、古紙としてリサイクルされる。

知ってるかな？

お金は「信用《しんよう》」で成《な》り立《た》っている

お金の信用《しんよう》については36ページも見てね！

お金は、「このお金は本物《ほんもの》だ」とみんなが信《しん》じることで成《な》り立《た》っている。本物《ほんもの》とは、その国の政府《せいふ》が法律《ほうりつ》で保証《ほしょう》するお金、ということ。信用《しんよう》があることではじめて、金属《きんぞく》や紙がお金として価値《かち》をもつんだ。日本の場合は、日本にくらす人だれもが「円」を信用《しんよう》することで、円はまちの中で使《つか》えるようになる。けれど、もしも偽《にせ》のお金が出回ったら、そのお金の信用《しんよう》は下がってしまうね。だから、どの国でも、お金の偽造《ぎぞう》は重《おも》い罪《つみ》になるんだよ。

調《しら》べよう！

硬貨《こうか》は「造幣局《ぞうへいきょく》」でつくられている。紙幣《しへい》は、どこでつくられているのかな？
（答えは、つぎのページ）

月　日　曜日　日直

5時間目 電子マネーのしくみ

お金は、もっともっと
べんりになるぞ！

今、新しいお金が使《つか》われているよ！
電子マネーを見たことある人！
ハイ！！
電子マネーは形がないから見えないんじゃない？
チェッ
ひっかかった……
よくママが、コンビニのレジで「○○ペイで」って言って払《はら》ってるの電子マネーだよね…
○○ペイで
うちのおじいちゃんは「あんなのはお金じゃねぇ」ってぜったい使《つか》わないよ。
アハハ
乗《の》り物《もの》のIC《アイシー》カードも電子マネーだよね？ジュースも買えるし。
あれってどういうしくみなんだろう…
??
考えすぎて目がQR《キューアール》コードになってる！

前のページ「調《しら》べよう！」の答え・・・紙幣《しへい》は、国立印刷局《こくりついんさつきょく》でつくられている。東京都《とうきょうと》の本局《ほんきょく》のほか、全国《ぜんこく》

電子マネーはこういうしくみ！
チャージ
（お金を預《あず》ける）
支払《しはら》い
お客《きゃく》さん
ピッ
店
電気のお金だから
静電気《せいでんき》でチャージ
できますか？
ゴシ
ゴシ
ゴシ
バチ
バチ
できるわけないでしょ！
じっさいに
乗《の》り物《もの》のIC《アイシー》カードを
使《つか》ってみよう！
サッ
①駅《えき》のチャージ機《き》に
IC《アイシー》カードを入れる
きっぷ・チャージ
チャージする
②チャージして
おきたい金額《きんがく》を
えらぶ
チャージ
1000円
2000円
3000円
5000円
10000円
ピッ
③金額《きんがく》をえらんだら、
その分のお金を
機械《きかい》に入れる
④「チャージが終了《しゅうりょう》
しました」といって
カードが出てくる
チャージしました！
シャッ
⑤チャージした金額《きんがく》がなくなる
まで、電車に乗《の》るときや
自動販売機《じどうはんばいき》、コンビニエンス
ストアなどで使《つか》える
ピッ
チャージ上下！
それはジャージな！

に６つの工場があるよ。造幣局《ぞうへいきょく》は、大阪市《おおさかし》の本局《ほんきょく》のほか、さいたま市と広島市《ひろしまし》に支局《しきょく》があるよ。

電子マネーには よい点と悪《わる》い点が あると思うけど…
どんどん使《つか》うべきと思う人と そう思わない人とで、 話し合ってみよう！
ハーィ
使《つか》うべき派《は》
急《いそ》いでいるとき ピッてする だけだから、 べんり！
お店で電子マネーを どんどん使《つか》いましょうって、 テレビでもいってるよ！
さいふが いらなくて べんりそう！
駅《えき》で、 行き先までの運賃《うんちん》を 調《しら》べる必要《ひつよう》が ないよね！
そう思わない派《は》
見えないと 自分のお金って いう 感《かん》じが しないよ
お年よりには 使《つか》いにくそう。
停電《ていでん》のとき 使《つか》えない！
つい 使《つか》いすぎて お金がぜんぶ なくなりそう。

でもやっぱり、なんかお金に実体《じったい》がないとなあ…
うしなわれるものが大きい…
スペシャルおこづかいをもらったとき、中身《なかみ》をすかして見て味《あじ》わう興奮《こうふん》とか…
ムム〜
五千円!!
それはわからなくもないけど…
カバンのポケットに100円玉を発見したときのよろこびとか…
!!
そんなんばっかり!!
でも今、みんなが電子マネーを使《つか》っていて現金《げんきん》をほとんど使《つか》っていない国もあるんだ!
へ〜
ボクは本物《ほんもの》のお金らしいお金がいいよ
…でもそもそも本物《ほんもの》のお金って何?
お金の歴史《れきし》のところで勉強《べんきょう》したけど
大昔《おおむかし》は貝だったのが金《きん》や銀《ぎん》になって、紙のお金になって…
ボクらが思う「お金らしいお金」になったのは150年くらい前だよ
きみたちの時代《じだい》の「お金らしいお金」は、きみたちが決《き》めていけばいいんだよ!!
キラーン
おっ先生がかっこよくまとめた!!
とりあえず、電子マネーを「使《つか》うべき派《は》」と「そう思わない派《は》」の勝負《しょうぶ》は、コレで決《き》めようぜ!
お金かい!
ウラかオモテか!
クルクル
ピン
そんなことで決《き》めちゃダメ!!

お金の将来《しょうらい》については37ページも見てね!

話し合ってみよう 現金《げんきん》のない、電子マネーだけの時代《じだい》が、いつか来るのかな?

学ぼう！

電子マネーをもっと知ろう

4時間目のお金の授業《じゅぎょう》で、お金の歴史《れきし》を学んだよね。今は、お金の歴史《れきし》に、目に見えないお金がくわわったよ。「信用《しんよう》」さえあれば、目に見えないものでもお金になるんだ。

このページでは、電子マネーについて見てみよう！

3つのキーワード

データ　IC《アイシー》カード　チャージ

ポイント1 電子マネーのしくみ

電子マネーは、**お金の情報《じょうほう》をデータとして記録《きろく》することで、支払《しはら》いができるもの**だよ。**IC《アイシー》チップやスマホを使《つか》った電子マネーは、いちいち現金《げんきん》をやりとりしないですむ。**だから、より安全《あんぜん》でべんりに使《つか》えるよ。ここでは、乗《の》り物《もの》に乗《の》るときに使《つか》うIC《アイシー》カードのしくみを見てみよう。

IC《アイシー》カードって何？

IC《アイシー》カードは、IC《アイシー》チップ（情《じょう》報《ほう》の記《き》録《ろく》や演算《えんざん》をするための集《しゅう》積回路《せきかいろ》）をうめこんだカードのこと。このチップに、入金や出金の情報《じょうほう》を記録《きろく》する。

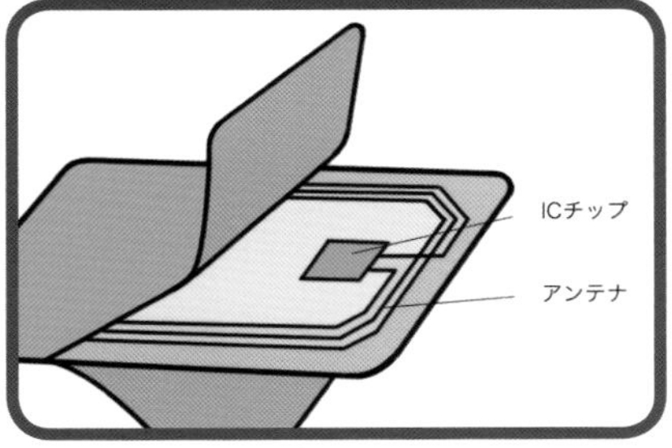

カードの中にIC《アイシー》チップが入っている。

使《つか》い方《かた》❶ チャージする

IC《アイシー》カードに、あらかじめお金をチャージ（入金）して使《つか》う。チャージしたい金額《きんがく》をえらび、その分のお金を入れる。

左にIC《アイシー》カード、右にお金を入れる。

使《つか》い方《かた》❷ 改札《かいさつ》を通る

カードを改札《かいさつ》でタッチすると、「ピッ」と音がして、お金の引《ひ》き落《お》とし情報《じょうほう》（出金情報《じょうほう》）が記《き》録《ろく》される。これで電車の運賃《うんちん》を払《はら》ったことになり、改札《かいさつ》を通ることができる。

チャージしたお金がなくなったら、またチャージをして、くり返《かえ》し使《つか》う。

ポイント2

どんどん広がる電子マネー

電車やバスに乗《の》るときに使《つか》うもののほかに、お店で使《つか》える電子マネーもあるよ。ショッピングモールやスーパーなど、あらゆる場所《ばしょ》で電子マネーが使《つか》われている。**べんりな反面《はんめん》、気をつけないと使《つか》いすぎてしまうこともある。**電子マネーの特徴《とくちょう》を、よく勉強しよう。

電子マネーを使《つか》う場面《ばめん》

乗《の》り物《もの》に乗《の》るために
チャージした電子マネーを、
ほかの鉄道会社《てつどうがいしゃ》やお店でも
使《つか》えたりするよね。チャージした先の鉄道会社《てつどうがいしゃ》が、使《つか》った
分だけを、ほかの会社やお店に
支払《しはら》ってくれるしくみ
なんだって。

電子マネーのよいところは・・

- お金を出して、数える必要《ひつよう》がない。
- ちょうど払《はら》えるので、おつりがない。
- レジに列《れつ》ができにくい。
- 買《か》い物《もの》をするとポイントがつくことがある。
- 過去《かこ》に使《つか》った記録《きろく》を見られる。

よくないところは・・

- お金を使《つか》っている感覚《かんかく》がにぶくなり、使《つか》いすぎてしまいがち。
- 電子マネーが使《つか》えない店もある。
- 災害《さいがい》などで停電《ていでん》になったら使《つか》えない。

知ってるかな？

現金《げんきん》がほとんどない国　スウェーデン

スウェーデンでは、水を買うときも家具《かぐ》を買うときも電車に乗《の》るときも、すべて電子マネーで支払《しはら》うんだ。7歳《さい》になったらカードをつくることができるから、子どももお年よりも、みんな電子マネーのカードを持《も》っている。だから、現金《げんきん》はほとんど必要《ひつよう》がない。だけど、詐欺《さぎ》（人をだまして送金《そうきん》させる犯罪《はんざい》）の被害《ひがい》がふえているなど、心配《しんぱい》なこともあるようだ。

写真提供：Showcase Gig

ハンバーガー店の店内には、電子マネーで支払《しはら》いをするための端末《たんまつ》が、ずらりとならぶ。

調《しら》べよう！　あなたの家では、どんな電子マネーが使《つか》われているかな？　調《しら》べてみよう。

月　日　曜日

日直

授業《じゅぎょう》で考えよう　お金の話 1

1時間目のお金のない世界《せかい》では、
こまったことが多かったよね。
みんなは、どんなふうに想像《そうぞう》したかな？
つぎの質問《しつもん》についても、クラスのみんなで考えてみよう！

質《しつ》問《もん》

お金を使《つか》わずに生活することは、できるのかな？

【解説《かいせつ》】今のわたしたちの社会は、お金がなければ、ほとんど何も手に入れることができない社会だよね。けれども、じつは、お金にたよらずに生きている人もいるんだ。たとえば、農業《のうぎょう》をしている人のなかには、自分たちでつくった作物《さくもつ》などをおたがいに交換《こうかん》し、お金にたよらない生活をしている人がいる。南アメリカ・アマゾンの奥地《おくち》に住《す》む人たちの一《いち》部《ぶ》は、お金にたよらない昔《むかし》からの生き方を、今もつづけている。この人たちにとっては、お金はそれほど意味《いみ》をもたないものなんだ。

わたしたちのようにお金を使《つか》う生活と、お金を使《つか》わない生活、どちらがいいのかな？

お金を使《つか》う生活では、お金さえあればほしい物《もの》がいつでもすぐに手に入るけれど、ほしい物《もの》を手に入れるためには、お金を稼《かせ》ぐためにたくさん働《はたら》かなくてはならない。お金を使《つか》わない生活では、必要《ひつよう》な物《もの》を手に入れるためにだけ、働《はたら》けばよいだろうけれど、旅行《りょこう》などを楽しむことは、むずかしいかもしれないね。

どちらにも、よいところとよくないところがありそうだ。

学びの流《なが》れ

❶お金を使《つか》わずに生活する人について知ろう。
❷お金を使《つか》う生活と使《つか》わない生活、それぞれのよいところとよくないところについて、自分の考えをもとう。それから、話し合おう。
❸学びをまとめよう。　例《れい》：お金はべんりで、なくてはこまる。けれど、お金にたよらないしくみで動いている社会もある。どちらにも、よいところがある。

お金を
使《つか》わない生活の
いいところは、
どんなところ
かな？

授業《じゅぎょう》で考えよう　お金の話２

２時間目では、お金の種類《しゅるい》について、学んだよね。
つぎの質問《しつもん》については、どうかな？
みんなで考えてみよう！

質《しつ》問《もん》 日本にあるお金は「円」だけなの？ 場所《ばしょ》によってちがうお金があってもいいんじゃない？

【解説《かいせつ》】円は、日本の政府《せいふ》がつくり、価値《かち》を保《ほ》証《しょう》しているお金だ。全国《ぜんこく》どこでも使《つか》える、正《せい》式《しき》なお金だね。じつは、円のほかに、「地域通《ちいきつう》貨《か》」という、地域《ちいき》の中だけで使《つか》うことができるお金もあるよ。円のような正式《せいしき》なお金ではないけれど、日本各地《かくち》に何百もあるといわれる。

地域通貨《ちいきつうか》は、地域《ちいき》の人たちが、自分たちのまちの商店街《しょうてんがい》などで買《か》い物《もの》ができるようにつくられているよ。地域通貨《ちいきつうか》でしか買《か》えないとくべつな品物《しなもの》を用意《ようい》したり、その地域《ちいき》でしか体験《たいけん》できないサービスを用意《ようい》したりして、地域通貨《ちいきつうか》を使《つか》ってもらえるように工夫《くふう》しているんだ。

今、地域通貨《ちいきつうか》も、電子マネーになってきている。「デジタル地域通貨《ちいきつうか》」といって、スマホで使《つか》うお金なんだ。地域《ちいき》でしか使《つか》えないのは同じだけど、電子マネーのべんりさで、もっと多くの人に地域通貨《ちいきつうか》を使《つか》ってもらおうとする試《こころ》みだ。電子マネーは、スマホにデータとしてとっておけるので、しばらく使《つか》う機会《きかい》がなくてもじゃまにならないし、円から地域通《ちいきつう》貨《か》にお金を替《か》えるときにポイントをつけたりすることも、かんたんにできるんだ。

東京の早稲田《わせだ》・高田馬場《たかだのばば》で生まれた「アトム通貨《つうか》」。使《つか》える場所《ばしょ》が各地《かくち》へ広がっている。

滋賀県彦根市《しがけんひこねし》が発行している地域通《ちいきつう》貨《か》「彦《げん》」。ごみ袋《ぶくろ》やバス回数乗車券《かいすうじょうしゃけん》と交換《こうかん》できる。

学びの流《なが》れ

❶「地域通貨《ちいきつうか》」について知ろう。
❷「円」と「地域通貨《ちいきつうか》」、それぞれについて、よいところとよくないところを考えよう。そして話し合おう。
❸学びをまとめよう。　例《れい》：これからは、円だけでなく、地域《ちいき》で使《つか》えるお金が広がるかもしれない。

授業《じゅぎょう》で考えよう　お金の話 3

4時間目では、国が保証《ほしょう》する「円」が誕生《たんじょう》したときのことを、学んだね。お金の信用《しんよう》について、もう少し勉強してみよう。つぎの質問《しつもん》については、みんなはどう考えるかな？

質《しつ》問《もん》

「偽《にせ》のお金」が出回ったら、どうしてこまるの？

【解説《かいせつ》】 わたしたちは１万円を見ると、「自分以外《いがい》のほかの人も、この１万円札《さつ》を１万円の価値《かち》があるものと考えるだろう」と思うよね。これが、お金への信用《しんよう》がある、ということだ。お金を使《つか》うすべての人が同じように考えることで、この社会は成《な》り立《た》っている。つまりお金は、人と人とを信用《しんよう》でつないでいるんだ。

お金を手に入れるためには、働《はたら》いて、世の中のためになる仕事《しごと》をしなくてはならない。それをさぼって、自分で勝手《かって》にお金をつくってしまったら、信用《しんよう》できないお金が社会にまぎれこむことになる。信用《しんよう》できないお金では、みんなが物《もの》を売ったり買ったりしなくなるよね。お金の価値《かち》が下がり、世《よ》の中が混乱《こんらん》して、ほかの国との間の信頼《しんらい》もおびやかされてしまう。だからどの国でも、お金の偽造《ぎぞう》にはきびしい刑罰《けいばつ》が課《か》されるよ。

日本の場合は、お金の偽造《ぎぞう》は無期《むき》または３年以上《いじょう》、刑務所《けいむしょ》に入れられる罪《つみ》となる。紙幣《しへい》のカラーコピーをとることも犯罪《はんざい》になるから、よく気をつけないといけないね。硬貨《こうか》にわざと傷《きず》をつけることにも、罰則《ばっそく》があるよ。

学びの流《なが》れ

❶偽《にせ》のお金って、何だろう。

❷偽《にせ》のお金がたくさん出回ると、社会はどうなるのか、考えよう。そして話し合おう。

❸学びをまとめよう。　例《れい》：社会にとって大切なのは、お金が「信用《しんよう》」されることなんだね。

偽造《ぎぞう》をしにくいように、硬貨《こうか》と紙幣《しへい》にはいろいろなしかけがしてある。500円硬貨《こうか》を上へかたむけると、0の部分《ぶぶん》に「500円」という文字が見える（上の写真《しゃしん》）。下へかたむけると、たての線が見える（下の写真《しゃしん》）。

授業《じゅぎょう》で考えよう　お金の話 4

5時間目では、お金の新しい形、電子マネーについて学んだね。お金の将来《しょうらい》の形を、みんなは、どんなふうに想像《そうぞう》するかな？クラスのみんなで考えてみよう！

質《しつ》問《もん》

お金は、これからどんなふうに変化《へんか》していくと思う？

【解説《かいせつ》】今、お金は、目に見えない電子マネーのすがたで、小学生のきみたちにもべんりに使《つか》われているよね。でも、100年前に生きていた人たちに電子マネーについて説明《せつめい》したとしても、まったく理解《りかい》してもらえないのではないかな。それくらい、お金は大きく変化《へんか》しているんだ。

では100年後には、お金はどうなっているだろう？　人工知能《じんこうちのう》「AI《エーアイ》」やロボットが、人間の仕事《しごと》の大部分《だいぶぶん》を、代《か》わりにやってくれているかもしれない。そんな社会では、どんなお金がべんりだろうか？　たとえば、その人がどんな「信用《しんよう》」を得《え》られているか、その信用《しんよう》そのものがお金になる、と考える研究者《けんきゅうしゃ》もいるよ。ほかに、それぞれの人がもっている「時間」そのものが、お金の役割《やくわり》をはたすようになる、と考える人もいる。

電子マネーがもっと発展《はってん》して、現金《げんきん》がすっかりなくなるのは、そう遠くない未来《みらい》だともいわれている。科学技術《かがくぎじゅつ》の力を使《つか》って、みんながしあわせに生きられる社会にするには、どんなお金がよいのかな？

学びの流《なが》れ

❶お金の歴史《れきし》を、おさらいしよう。
❷お金は、これから、どんなふうに変化《へんか》していくのかな？
自分で考えてみよう。それから、みんなで話し合おう。
❸学びをまとめよう。　例《れい》：お金は、人々《ひとびと》がもとめるすがた・形に、変化《へんか》する。どんなお金になっていくかは、その社会に生きる人しだいだ。

お金の将来《しょうらい》のすがたを想像《そうぞう》するのは、むずかしいけど、楽しいね！

スマホ決済《けっさい》って何だろう？

スマホひとつで、
かんたんに支払《しはら》いができるよ。
使《つか》うときには、おとなの人と
相談《そうだん》しよう！

ポイント 1

スマホがあれば、支払《しはら》いができる！

スマホを使《つか》って、お金を払《はら》うことができるよ。これを「スマホ決済《けっさい》」とよんでいるんだ。「決済《けっさい》」というのは、代金《だいきん》を払《はら》って、売買の取引《とりひき》を済《す》ませること。スマホを使《つか》えば、現金《げんきん》もカードも必要《ひつよう》ない。ここでは、二次元《にじげん》コード（QR《キューアール》 コード）使《つか》うタイプの方法《ほうほう》を、紹介《しょうかい》するよ。

❶アプリを入れる

スマホでの決済《けっさい》をするために、さまざまな決済《けっさい》サービスがある。使《つか》いたいサービスのアプリを、自分のスマホにダウンロードする。

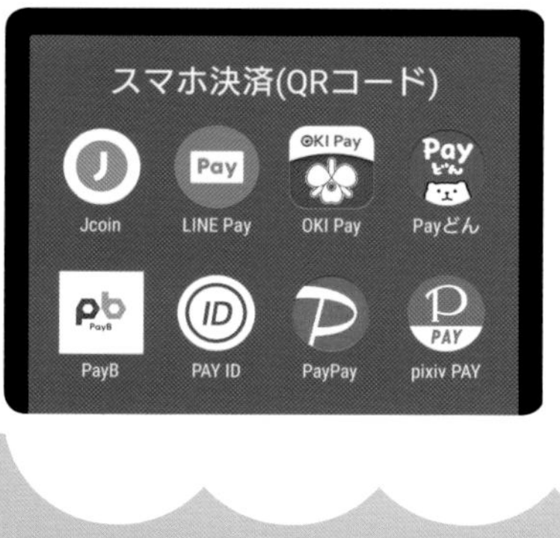

❷お金をひもづける

アプリを入れたら、決済《けっさい》をするときのお金のありかを、指定《してい》する。銀行《ぎんこう》（3巻《かん》3時間目を見てね）などに開いている口座《こうざ》やクレジットカードを登録《とうろく》して、お金をチャージできるようにする。

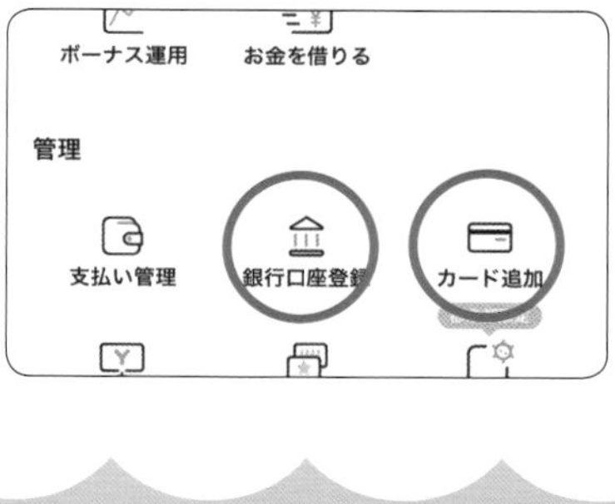

❸支払《しはら》いをする

QR《キューアール》 コードを読《よ》み取《と》る（読《よ》み取《と》ってもらう）ことで、支払《しはら》いができる。（アプリに電子マネーなどを登録《とうろく》して利《り》用《よう》する使《つか》い方《かた》もある）

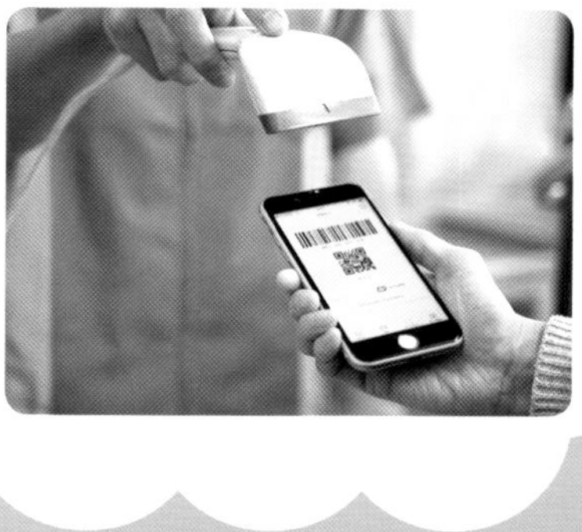

ポイント２

スマホ決済《けっさい》のよいところ、よくないところ

電子マネーのよいところとよくないところ（33ページ）と似《に》ているけれど、スマホ決済《けっさい》にはさらに、知ってほしいポイントがあるよ。

スマホ決済《けっさい》によって、持《も》ち歩《ある》く必要《ひつよう》がなくなるものは…

●お金（硬貨《こうか》、紙幣《しへい》）
●クレジットカード
●キャッシュカード（銀行《ぎんこう》の自分の口座《こうざ》からお金を引き出したり、預《あず》け入《い》れるためのカード）
●レシート（買った物《もの》の明細《めいさい》）

つまり、ほとんどさいふがいらなくなるということ。電子マネーとちがって、これまでの買《か》い物《もの》の記録《きろく》をいつでも見られるのが、とてもべんりだ。ただし、

●スマホの充電《じゅうでん》が切れたら使《つか》えない
●画面《がめん》が割《わ》れていたら、使《つか》えないこともある

という、よくないところもある。それに、スマホを落《お》としたり失《な》くしたりしたら大変《たいへん》だ。ほかの人に不正《ふせい》に利用《りよう》されないように、認証《にんしょう》コードでスマホをロックするなどセキュリティの管理《かんり》も、大切だ。

↓これまでに使《つか》ったお金の記録《きろく》を、いつでも見ることができる。

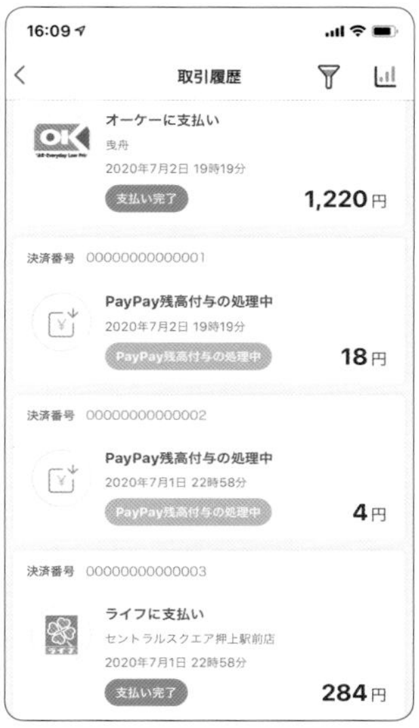
16:09
取引履歴
オーケーに支払い
曳舟
2020年7月2日 19時19分
支払い完了
1,220円
決済番号 00000000000001
PayPay残高付与の処理中
2020年7月2日 19時19分
PayPay残高付与の処理中
18円
決済番号 00000000000002
PayPay残高付与の処理中
2020年7月1日 22時58分
PayPay残高付与の処理中
4円
決済番号 00000000000003
ライフに支払い
セントラルスクエア押上駅前店
2020年7月1日 22時58分
支払い完了
284円

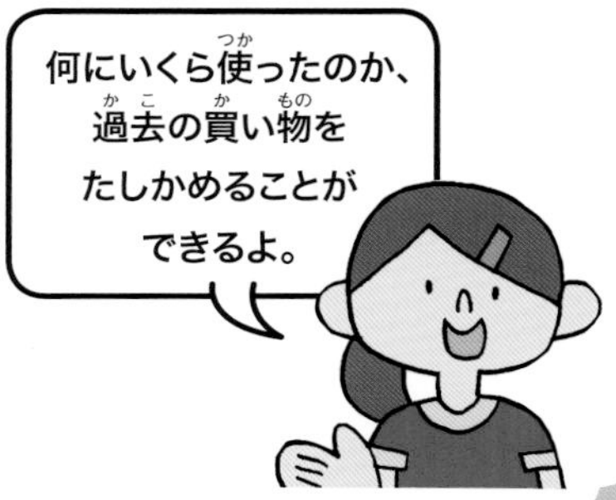
何にいくら使《つか》ったのか、過去《かこ》の買《か》い物《もの》をたしかめることができるよ。

クレジットカードのしくみと使《つか》い方《かた》

クレジットカードのサービスは、**カードで買《か》い物《もの》をした分のお金を、あとで支払《しはら》う**というものだ。お店でカードで決済《けっさい》すれば、カード会社がひとまず、お金を払《はら》ってくれる。お客《きゃく》さんは１ヵ月後などに、銀行《ぎんこう》を通して、カード会社へ支払《しはら》うよ。

カード会社は、お客《きゃく》さんがカードで買《か》い物《もの》をするたびに、お店から手数料《てすうりょう》を受《う》け取《と》る。お店は、カード会社へ手数料《てすうりょう》を払《はら》ってでも、より多くのお客《きゃく》さんに、より多くの買《か》い物《もの》をしてもらいたいんだ。

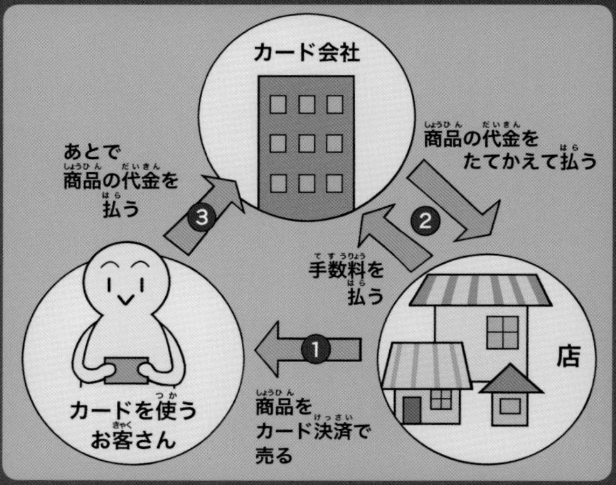
カード会社
商品《しょうひん》の代金《だいきん》をたてかえて払《はら》う
2
手数料《てすうりょう》を払《はら》う
店
1
商品《しょうひん》をカード決済《けっさい》で売る
カードを使《つか》うお客《きゃく》さん
3
あとで商品《しょうひん》の代金《だいきん》を払《はら》う

さくいん

あ

か

さ

た な

は ま や

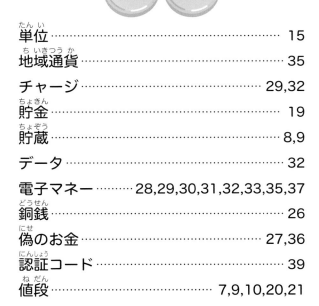

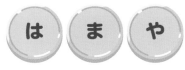

監修：**玉置 崇**　たまおきたかし

岐阜聖徳学園大学教育学部教授。
愛知県小牧市の小学校を皮切りに、愛知教育大学附属名古屋中学校や小牧市立小牧中学校管理職、愛知県教育委員会海部教育事務所所長、小牧中学校校長などを経て、2015年4月から現職。数学の授業名人として知られる一方、ICT活用の分野でも手腕を発揮し、小牧市の情報環境を整備するとともに、教育システムの開発にも関わる。文部科学省「校務におけるICT活用促進事業」事業検討委員会座長をつとめる。

監修：**みずほ証券株式会社**
（コーポレート・コミュニケーション部 投資教育推進室）

小学生から社会人まで、幅広い世代に対して社会貢献として金融経済教育に取り組む。学校向けには、子どもたちが「生きる力」を育めるよう、消費者、キャリア、起業家教育等の要素も加味して、全国各地で授業を実施。また、教員研修に加え、教職大学院とともに教員養成支援の研究等も行っている。

マンガとイラスト：**いぢちひろゆき**

1969年、大阪府出身。イラストレーター、マンガ家。立命館大学文学部卒業後、女性誌編集者を経てイラストレーターとして独立。とんちのきいたマンガとイラストを持ち味としている。
いぢちひろゆきの公式サイト ⇒ https://www.ijichihiroyuki.net

装丁・デザイン：　倉科明敏（T. デザイン室）
編集制作：常松心平、鬼塚夏海（オフィス303）

写真協力：造幣局、国立印刷局お札と切手の博物館、アトム通貨実行委員会本部、彦根市、PayPay 株式会社

イラスト図版：伊澤栞奈（P32 左下、P39 右下）

かしこく学ぼう！　はじめてのお金教室
①お金を知ろう
NDC330　40P　30.4 × 21.7㎝

2020 年 9 月 30 日　第 1 刷発行

監修	玉置崇・みずほ証券株式会社
まんが	いぢちひろゆき
発行者	佐藤諭史
発行所	文研出版
	〒113-0023 東京都文京区向丘２丁目３番 10 号
	児童書お問い合わせ (03) 3814-5187
	〒543-0052 大阪市天王寺区大道４丁目３番 25 号
	代表 (06) 6779-1531
	https://www.shinko-keirin.co.jp/
印刷・製本	株式会社太洋社

©2020 BUNKEN SHUPPAN Printed in Japan　ISBN978-4-580-82424-9 C8333

かしこく学ぼう！
はじめてのお金教室
全4巻
①お金を知ろう
②お金を使おう
③お金を貯めよう
④お金を得よう
全巻セット定価：本体11,200円（税別）
ISBN978-4-580-88650-6

この本を読むみなさんへ。

「お金について、もっと勉強《べんきょう》しておけばよかった！」と、
おとなの人からよく聞きます。
なぜでしょう？　じつは、お金のことを学ぶことができる機会《きかい》は、とても少ないのです。
子どものときから少しずつ、お金について学ぶことが必《ひつ》要《よう》です。みなさんに、お金について知ってほしいと思い、この本をつくるお手伝《てつだ》いをしました。
4さつの本を通して、少しずつ、みなさんにとって将来《しょうらい》役立《やくだ》つことを知ることができます。
読んだあとに、お金を通して、将来《しょうらい》のことやこれからの社会のことを考えてもらえればと願《ねが》っています。

学校の先生方《せんせいがた》へ。

「お金のことを、もっと教えてほしい」という生徒《せいと》や保《ほ》護者《ごしゃ》のみなさんの声が、ふえています。
でも、先生方《せんせいがた》からは「むずかしそう……」「教える時間がない」といった声も、よく聞きます。
ぜひ、この本を使《つか》ってみてください。
社会科だけで教える必要《ひつよう》はありません。教科のなかに、少しずつ取《と》り入《い》れることもオススメです。
道徳《どうとく》、家庭科《かていか》、算数、生活科、総合的《そうごうてき》な学習《がくしゅう》、修学旅行《しゅうがくりょこう》などの特別活動《とくべつかつどう》……などなど。
子どもたちが将来《しょうらい》、自立して生きる力をやしなうため、この本は先生方《せんせいがた》のお力になると信《しん》じています。

みずほ証券株式会社《しょうけんかぶしきがいしゃ》
コーポレート・コミュニケーション部《ぶ》 投資教育推進室《とうしきょういくすいしんしつ》